AF599919

MARIANA COLOMER

VIVIRÉIS

MARIANA COLOMER

VIVIRÉIS

HUERGA & FIERRO editores

Diseño de Colección: Huerga y Fierro

Primera edición: 2025

Portada: *María Magdalena en la tumba de Jesús*,
de Philip Richard Morris (1836-1902)

C/Sebastián Herrera, 9
28012 Madrid-España
Telf.: 91 467 63 61
www.huergayfierro.com
huerga@huergayfierro.com

I.S.B.N.: 979-13-990526-4-0
Depósito Legal: M-12710-2025
Impreso en Romadac Industria del Libro
Impreso en España/Printed and made in Spain

Yo vivo y también vosotros viviréis.

JUAN 14, 19

En tu Cuerpo y tu Sangre,
la Esperanza

Y sabed que yo estoy con vosotros todos los días
hasta el fin del mundo.

MATEO 28,20

ESCUCHAD el silencio del domingo.
Solo si lo acogéis,
os abandonará todo afán estridente
sujeto a vuestro espíritu durante los seis días.
Escuchad su alegría renovada,
pues Él abrió el sepulcro
y vive con nosotros.

(Visión)

DOS llamas ascendían de tu Cuerpo
tan mansamente Justo y Misericordioso,
en único esplendor que te conforma.
Porque te amo no escojo la más grata.
Elevo un canto de elogio en las dos.

CUANDO estás en silencio ante el altar,
con su cortejo alado el Cielo baja
a pronunciar contigo las plegarias,
y a que pongas tu vida en este cáliz,
y, entre otras ofrendas del mundo,
el silencio de aquellos que fueron inmolados
en su inocencia, junto al Agua y la Sangre
que en la Cruz del Amor derrama el Hijo
en oblación perfecta que el Padre acoge.

Y cuando la palabra baje hasta ti,
y en la altura se encuentre con tu mano,
deja que tus sentidos, tu mente y corazón
en suavidad su Fuego así los cubra.
No te apropies del don,
arrebatándole a Dios la alabanza.
Con agradecimiento sé su lápiz humilde.

TU alegría depende
de este Pan y de este Vino
que en tu espíritu son un gran río de Luz
que todo el ser vivifica a su paso.
En esta tierra fértil surgen frutos
de ansiada eternidad.

HAY quienes cada día ante el altar Te elogian,
pero sus labios no pueden traer
la suavidad y fragancia de tu Nombre,
porque en sus celdas íntimas para Ti no hay asiento,
otros dioses lo ocupan.
Y cuando ven que alguien
se inclina con auténtico fervor ante tu Cuerpo,
despojado de honores mundanos y Glorioso,
con la ferocidad del ídolo reprueban
la adoración al único que es Dios.

SI el Fuego permanece avivado en lo hondo,
sin dejar que tibieza o desamor lo apaguen,
cuando tus labios digan las ofrendas,
unas alas fulgentes que te acompañan siempre
no dejarán que caigan a tus pies
como un ramo esparcido.
Raudas las llevarán a la Morada excelsa,
a las manos del Padre.

(Visión)

EN esta hora matinal del Viernes
no habías entregado aún por mí Tu vida
para que yo la tenga en plenitud,
cuando en el cielo vislumbro tres círculos,
cuyo centro es tu Nombre redentor.
Mis ojos se detienen en los pájaros
que por lo alto vuelan,
y es mi espíritu alado quien penetra en la bóveda,
quien deja atrás las nubes y la lluvia...
y se adentra por línea discontinua de luz no transitada,
donde Tú me liberas de los ojos
para ver con claridad,
dejando atrás el sol, estrellas y galaxias...
hasta alcanzar la Casa en donde moras.
Allí me das palabras prometidas
—que en el tiempo preciso harás cumplir—
que antes nunca escuché, y que ahora comprendo,
cuando las alas vuelven a posarse
en el aire de voces cotidianas.
Las palabras que el mundo rechaza y necesita,
y aquellas de aflicción y de consuelo
que a las tres de la tarde Tú compartes conmigo.

PARA ser adorado, el ídolo se esconde
en las sombrías grutas del latido
de algunas gentes,
bajo envoltorios múltiples y refinados.
Hay veces en que Dios le habla al profeta en sueños
para que lleve a buen término la misión que le confía.
Y la Palabra es en sus labios
una espada de Luz
que atraviesa lo oscuro sin clemencia,
hasta que desenvuelve uno a uno el papel
dejando a la intemperie más amarga
las estatuillas de una deidad que nunca tuvo vida,
que a los ojos provocan la repulsa
y gemidos de espanto,
y que, ante el resplandor de la Verdad,
en arena se tornan.

RAUDO acude al reclamo de Su amor
con llave fervorosa de silencio,
y tu mirada escondida verá
la ciudad infinita de tu alma
que se alza en la morada del latido,
donde Él permanece sentado en soledad
bellamente ataviado como Rey,
aguardando la hora de tu entrega.

QUE el alma sepa cuando viva en oscuridad
que, entre el Cielo y la Tierra, suspendido,
está el Cuerpo del Hijo que el Padre nos entrega.
Y aunque la eternidad
te esconda por un tiempo toda Luz,
no apartes la mirada de sus Llagas
que en la noche del mundo resplandecen,
pues serán cinco estrellas que pronto te traerán
la paz y la alegría tan ansiadas.

DE la bondad de Dios fluye este Río
que no permite que los árboles perezcan.
No debéis extrañaros
si a vuestro alcance siempre
en las ramas, el brote,
la flor, el fruto áspero,
y a los labios, la pulpa
de dulzor primigenio.

SI sufrís con paciencia por causa de su Nombre,
que nadie os compadezca,
pues sois los predilectos del Amado
en quienes Él reposa.
Y su sello doliente en vuestro espíritu
ahuyentará el tormento.

Es domingo, y en este bullicio de la calle
no se oyen las campanas que convocan
al Banquete que el Cielo
ha dispuesto en su casa de la Tierra.
Aquellos que caminan a mi lado
prefieren los manjares de los ídolos,
que son apetecibles al servirse
conforme a sus codicias,
aunque dan hambre y sed,
que no se ofrecen como Tú por todos nosotros
en Pan y Vino de perpetua saciedad.

La Luz candente de tu Cuerpo en la custodia
alcanza el pecho de quienes llegan a Ti
llevándote su amor,
para que Tú lo hagas, sin causar daño,
afín a tu Belleza.
Los rayos de tu Sol, que no se apagan,
no se detienen en los muros de un templo,
y misteriosamente alcanzan por igual
a aquellos que pasean por las calles
que al hombre que mendiga,
al niño en su recreo
que a la joven que escribe enamorada.
Al llegar a sus casas cada día,
no saben quién derrocha en ellos tantas gracias.

NO es tu sangre ni la mía
la que nos salva de nosotros mismos.
Basta una sola gota derramada por Dios.

QUIEN le ofrenda los versos a su ídolo
en el altar doméstico, como si fuera Dios,
invocando su ayuda mediante los hechizos
para obtener el poder y la fama,
sepa que es al Señor del engaño
a quien le abre la puerta,
el mismo que le impone su clámide sombría.
El Espíritu, dueño de los poemas, huye
al no encontrar su blanca vestidura.
Quien recorra las letras de este libro
no verá, si no es con los ojos proféticos,
el ardid que se esconde detrás de la explosión
que embriaga los sentidos y enseguida se apaga
dejando tras de sí
un campo de palabras convertido en erial.

AUNQUE el aire de todos los desiertos
os diga que el domingo es el final
de los deleites que habéis merecido
durante la semana,
y arrastréis los anhelos hacia el yermo del lunes,
sabed que el Cielo lo proclama santo.
Del abierto costado del Señor sacaréis
el Agua necesaria
para llegar con alegría al sábado.

(El Templo del Sagrado Corazón de Jesús,
en la Ciudad Condal)

CUANDO miro la cúpula del Templo,
eres Tú quien me extiende los brazos por piedad,
y empiezas a abajarte sin dejar de seguirme,
allí donde mis pasos tan curiosos te buscan.
Y es tu Cuerpo, con su manso latido,
el lugar del encuentro
en donde se renueva la promesa de amor
que un año más te traigo.

Os pido que seáis desobedientes
a las voces de extraños
que han impuesto cerrar las puertas de Tu casa,
dejándonos a oscuras y muy solos,
sin poder adorarte.
No quieren que te ofrezcas como nuestro alimento
para que así Contigo
seamos uno en cuerpo y en espíritu
que ha vencido a la muerte.
Caminad presurosos por calles desoladas.
Llamad con insistencia
hasta que alguien os abra con sigilo
una puerta de atrás.

ANTE el altar no hay nadie que te acuse,
tan solo tú en voz alta y de pie por las veces
que no quisiste amarlo como Él se merecía.
Después, confiado esperas
la clemencia de aquellos que moran en lo Alto.

SOIS capaces de todas las proezas
para inclinaros ante vuestros ídolos,
pero a ninguno os mueve el verdadero amor.
Os dicen las palabras que deseáis oír,
a cambio de ofrecerles la ciega pleitesía
hasta que tan cercados por el hostil vacío,
a veces os creéis con el derecho
de agredirlos. También ellos os muestran
su escondida crueldad.

¿ESCUCHÁIS este júbilo de alas que se aproximan
cuando inclinados tomáis en la boca
el Pan de Vida que antes adorasteis?
Dan las gracias al Padre por el manjar eterno,
que tan solo nosotros recibimos.

CUANDO al Señor le ofrezcas durante la batalla
el campo de tu ser ya devastado
por defender la Verdad, que es su Nombre,
pídele cuanto de bueno desees,
y te será otorgado, pues la puerta entre el Cielo
y la Tierra se ha abierto para ti.

¿QUÉ dedos invisibles arrebatan al Cielo,
sin que los ojos carnales lo adviertan,
este pan que retiene el sol en las espigas,
y el vino que libera la fragancia
de las uvas en sazón?
Paloma que desciende al altar de este mundo
—cada vez que unos labios consagrados la invocan—
para que ante nosotros tu Presencia se muestre:
la del Niño en pañales, la del Hombre en la cruz
y tu Cuerpo y tu Sangre gloriosos junto al Padre.
Ya los ídolos tiemblan de pavor.

(Un alma)

NO escuchaba el latido,
pero en mi cuerpo aún permanecía el alma
para que presenciara solo por un instante
la Belleza indecible del Amado
que hacia sí suavemente me atraía.
Y manchado el vestido tan albo que me impuso,
no podía sentarme a la mesa nupcial,
cegada por su albura sin mácula,
y fui yo y no Él quien quiso por amor
aplazar el encuentro.
Mi Esperanza se halla en la ofrenda perpetua
y nueva de su Cuerpo y de su Sangre.
Bajo el altar cada día mis manos
suplican estas gotas humanas y divinas
que rebosan del cáliz.
Las que blanquearán mis vestiduras
para vivir por siempre aquel instante de Gloria.

PORQUE es la voluntad del Enemigo
que en la Tierra vivamos sin salir
del círculo infernal de la fatiga,
la ansiedad y el ciego deleite,
sin llegar al descanso plenamente gozoso
del día séptimo,
cuando se le agradece al Creador
en el altar del Cuerpo y la Palabra
el don de nuestra vida
y la de todas las criaturas que Él mandó
que, como a hermanas, con amor cuidásemos.

El día en que la hermana Muerte cubra mis ojos,
decidles a las gentes
que estaré en compañía del Amado.
En tiempos Él me dijo que por amor
había conseguido para mí una dádiva eterna.
En sus manos la trajo.
Me la acercó y me dijo si la quería,
sin merecerla. Yo me asomé al brocal
fulgente de sus Llagas
y probé la amargura y el consuelo más suave
en mis días ocultos en los Suyos.
Mientras en el sepulcro mi carne espere,
decidles que Él irá a recibir mi espíritu
llevado en unas alas de alegría.
Y aguardaremos que a la voz del Padre
amanezca mi cuerpo más rosado que nunca,
y al encuentro del Suyo,
como su amada sea al fin reconocida.

Si queréis hoy ganarle la batalla
al Enemigo, que vigila vuestros pasos,
por si puede llevarlos por desolada senda,
buscad el pan y el agua como único alimento,
y romperéis los lazos muy ciertos e invisibles
que os impiden alzaros en vuelo de pureza
hacia el único Bien que deseáis.
Sus palabras abruptas y sombrías
son lanzas que caerán sin derribar el pecho,
protegido en lo Alto por tu Misericordia.

Y, tras mi muerte,
no consoléis a mis nietos diciéndoles
que me verán en una pequeña flor
o en una cercana estrella.
Más bien decidles que desde mi nueva Casa
los amaré con un amor más puro,
liberado de apegos, egoísmos...
Más que nunca, de ellos cuidaré,
arropando sus almas con oraciones
repletas de confianza.

QUÉ pesantez de manos, de corazón,
moldeados con tierra,
que me impide alcanzar por mí misma este Cáliz
donde quiero ponerle mi ofrenda al Padre.
Pero es su Espíritu, en levedad de alas,
quien al vuelo recoge mi deseo
y lo lleva muy raudo
junto al ofrecimiento de su Hijo amado.

ME llevarás de Tu mano a la casa
que alzaste para mí
en el Jardín primoroso del Padre,
con ventanas abiertas a las fragancias nuevas,
las paredes pintadas con el Azul intacto.
No encontraré la cama ni la silla
donde repose el ser,
que estará dedicado al canto de alabanza.
Tu Presencia amorosa será el único Libro.

(Visión)

EN el camino,
ante mis ojos pones el Árbol de la Vida,
que se alzó por Tu mano
en medio del Jardín del Paraíso.
Es cabaña verdadera
que protege mis horas
en paz y en alegría perdurables,
y es catedral de hojas que cobijan con gozo
los prolongados trinos de alabanza,
con ventana encumbrada que en el Cielo se abre
al cortejo solemne y bienaventurado
que acompaña a unas manos consagradas y puras
que llevan en custodia tu Cuerpo hasta el altar.

El Agua que brota del costado del Hijo

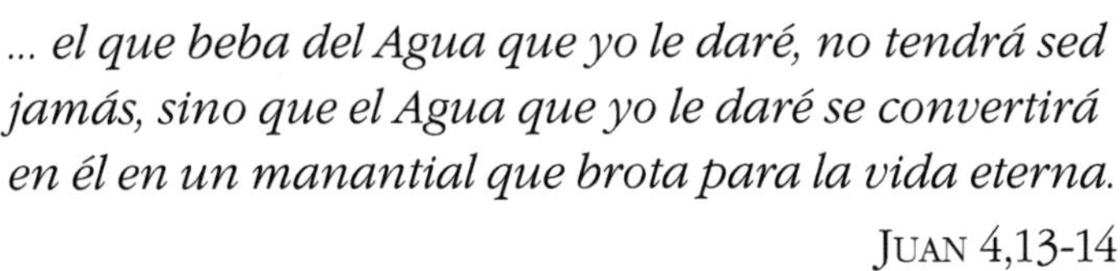

... el que beba del Agua que yo le daré, no tendrá sed jamás, sino que el Agua que yo le daré se convertirá en él en un manantial que brota para la vida eterna.

JUAN 4,13-14

(El Corazón del Hijo)

(En la Montaña del Tibidabo)

TUS brazos extendidos sobre el Mundo,
y en tu Montaña ardiente,
nos estrechan a todos.
A nadie dejas fuera de tu Misericordia.
Pero tenemos toda la libertad,
porque lo quiso el Padre,
de acogernos a Ti o de alejarnos
de tu cuidado fiel.
Nosotros no podemos sin tu ayuda
cubrirnos de bondad.
De tu Latido fluyen Agua y Sangre
como lluvia muy leve y no estrenada
que en suavidad inunda nuestro centro
a menudo obstinado en la dureza.
Hay quienes la perciben en instantes de gozo
y darían la vida por tenerla consigo.
En ellos permanece por siempre la memoria
de una piedad que solamente Dios puede impartir.
Y son los mensajeros de llevarla a las gentes
en su voz y en sus cuerpos,
aunque nadie los crea y los traten de locos.

(La Señora de la Merced*)

VENÍAS por el aire con el Niño
para quedarte siempre en mi ciudad,
y a la vez en el Mundo.
En el mar los cautivos que te elevaron súplicas
sintieron que cuidabas con el poder del cetro y la corona,
que el Padre en tiempos te dio,
sus vidas y el presagio del Cielo en lo escondido.
Y con gran aflicción de Madre escuchas
el llanto por las nuevas esclavitudes.
Pero es tu Hijo quien alza en su mano
la cadena quebrada.

*Es la patrona de la Ciudad Condal junto con Santa Eulalia y Santa Madrona.

(La voz profética)

AQUELLOS que lleváis el rocío celeste en vuestros
versos,
traed a la memoria de las gentes
de esta ciudad, para que no se pierda,
la belleza imborrable
de las pequeñas y santas proezas de los sencillos
en Nombre del Amado.
Si ya la oscuridad ha cubierto las calles y los pechos,
sean vuestras palabras
la única luz que alumbre la promesa
de contemplar muy pronto cómo Sus pies descalzos
avanzan por las nubes victoriosos.

(La voz profética)

¿QUÉ río fluye bajo los adoquines
en una danza oscura en nombre de Moloch,
ídolo de maldades viejas y rostros nuevos?
¿Qué fragor silencioso de sangre de Inocentes,
con mentira arrancados del seno de sus madres,
llega hasta los balcones y aflora en las calzadas
en tragedia imprevista de lágrimas y gritos?

(La Señora, en su alada Montaña*)

¿POR qué traerle flores a la Aurora,
si esta Montaña es su Jardín elegido
donde ellas le ofrecen loas con su belleza?
¿Por qué escoger el sencillo esplendor
de la retama, y no traer los brazos
rebosantes de jaras temblorosas?
Alzáis los ojos a la Presencia Virgen,
y junto a la plegaria le dejáis
cuanta hermosura alienta bajo su manto.

*La Virgen de los Remedios, en su Montaña, en Sant Vicenç dels Horts.

(La Señora, en su alada Montaña)

NO es celeste el ramaje de esta encina
que escogió la Señora para que se posase
en levedad de rosa su luz inmaculada.
La Presencia que pudo contemplar el labriego
con ojos inocentes y extasiados,
y al que le dio palabras de dolor y esperanza
para las gentes de esta ciudad.
No es celeste esta encina,
pero una multitud de manos se llevaron
la fragancia del Cielo entre sus hojas.
Hojas que con premura volvieron a vestir
de dorado las ramas.

(La voz profética)

¿QUÉ pisadas oscuras llegan del *Mare Nostrum*
para cubrir con sangre y con gritos la vía,
donde antes otras huellas trajeron la esperanza
del Amor sin medida que por todos se entrega?
También en una barca llegó el joven Cristóbal,
caminando con pasos de ardor primero
por el mismo lugar.
Sobre su hombro, el peso de este mundo,
y de su Creador, con Presencia de Niño,
y que ahora recoge vuestras plegarias
en capillas recónditas.
En otros días, unos mercaderes trajeron por el mar
el cuerpo de Madrona, intacto y oloroso,
que unos hombres con hábito
y corazón seráficos quisieron custodiar
en la paz tan celeste de una ermita,
en calles de su infancia
como ella siempre quiso.
Y pudo ser un ángel quien preservó del odio
—aquel que calcinó huesos, altar, imágenes...—
la medalla bendita
que la joven llevó sobre su pecho,
a quien las gentes piden que ante el Padre interceda
para que el Cielo derrame su poder
en fulgurantes alas vencedoras.

(Las Voces del Cielo)
Santa Eulalia

EN el alto desierto de la ciudad
era dichosa
porque encontré muy pronto
cuanto mi alma anhelaba.
No eran juegos ni dádivas,
pero sí una Persona que bien me conocía,
y a la que le entregué mi amor intacto.
Llena de su deseo, un día fui a buscar
a aquel que castigó con cautiverio
a quienes como yo amaban la Verdad
y no querían renegar de Ella
para besar a ídolos de barro abominable.
No pronuncié palabra para el asentimiento
y decretó mi muerte.
En el circo pagano de las calles
fui trigo que molieron con suplicio
para ser Pan de Cristo.

(La Iglesia pequeña)

ELLOS siembran sonrisas y saludos
por doquier desde el alba hasta el ocaso,
aunque a veces reciben menosprecio y mudez.
Ellos siembran sonrisas y saludos
por si alguien necesita este fruto de aliento
que a través de sus labios Tú repartes.

(La Iglesia pequeña)

NOSOTROS rechazamos la tibieza
por amor a su Nombre.
Somos los penitentes que en oración aguardan
con latido ardoroso en la puerta Sus pasos.
Quien ante a los extraños al Señor
ya no nos reconozca
ni comparta la Mesa con nosotros,
sin remedio será atraído por quienes
rechazan su Palabra
y siembran las ortigas en caminos alados
por donde se proclama su Segunda Venida.

(Las Voces del Cielo)
Santa Madrona

¿ES que acaso olvidasteis mis favores de antaño,
cuando amansaba el hostil oleaje
y hacía que las naves llegaran a su puerto?
Yo soy la misma muchacha de entonces:
la inocencia en los ojos
y la fidelidad al Amor del principio.
Acercaos al mar, si queréis verme
ataviada con túnica de bruma carmesí.
Allí avistaré en el horizonte
los presagios de ataques a mi amada ciudad,
y alzaré las palabras que habrán de custodiaros.

(La Señora, en su alada Montaña)

EN esta Montaña
hay un lugar que el Cielo preservó
de la obstinada ceguera del mundo.
Hay una paz curativa que extienden
los dedos perdurables de la Aurora.

(La Señora, en su alada Montaña)

Es tal vuestra impaciencia
por ver salir el Agua
del lugar elegido por lo Alto
en el Jardín del Señor
—Agua que sanará con suavidad
a quien la deseó por largo tiempo—,
que traéis en las manos
la que el hombre buscó en los manantiales,
y así la levantáis ante la Virgen,
que anunció su llegada,
para que a ella baje todo el Azul dichoso,
y aguardéis con paciencia el Agua Viva
que pronto brotará del costado del Hijo.

(La voz profética)

AGUARDABA San Roque en su hornacina
en una torre de la antigua muralla
de la Ciudad Condal.
Nadie pidió que fuera llevado por las calles
para que os liberase del virus que asoló
la alegría en las voces.
Nadie. Tampoco aquellos que tienen el mandato
de custodiar el gesto
de su amorosa entrega a los dolientes.

(Las Voces del Cielo)
Santa Ágata

MUJERES que acudís hoy a mi fiesta
con senos desgajados de su tronco
por la dolencia injusta,
hablad del sufrimiento
a los pies de mi nombre iluminado.
Estaré en el altar
acompañando al Hijo en su anunciada muerte,
y en su vuelta a la Vida sin tiempo ni dolor,
y a Él le dejaré, confiada, las congojas que traéis.
Venid a celebrar.
Acercaos, tomad estas naranjas
y, también, panecillos redondos como senos
que fueron de mi cuerpo separados
con suplicio de amor,
ofrecidos a todos en bandeja olorosa.

(La Iglesia pequeña)

ESTABA escrito en el Libro del Cielo
que esa tarde el profeta vería a la mujer
acercarse con pasos de alegría
camino del trabajo.
También estaba escrito
que él saldría a su encuentro
con un valiente impulso de amorosa humildad,
para echar sobre ella el manto de palabras
que provienen de Dios.
Escuchó sorprendida: "tú profetizarás".
Se marchó sin saber cómo lo haría,
pero con el deseo urgente de vaciarse
de cuanto la alejaba de su Presencia,
antes de que Él pusiese la Palabra en sus labios,
y en soledad al mundo la enviara.

(La Iglesia pequeña)

Los hermanos pequeños de Francisco de Asís
volvieron otra vez, después de largo tiempo,
a su casa seráfica, bajo la protección
de San Antonio, aquel que en la ciudad de Rímini
predicaba a los peces.
Cada uno acogió con cantos de alegría
en su jardín de adentro al Espíritu Niño,
que otorgaba los dones
según la voluntad de su inocencia.
Sin que el saber del mundo les dijese,
salían de sus labios encendidos elogios
al Padre y a su Hijo.
En la calle las gentes veían un incendio
alzarse sin las llamas
que pudieran quemar los vitrales y el claustro...
Y dentro, los hermanos pequeños de Francisco,
las manos y los ojos arrobados al Cielo.

(La Iglesia pequeña)

Y no era de consuelo esta Palabra,
recogida en el Libro,
que Él le puso en su estancia más recóndita
a la mujer mientras ella dormía.
Con la aurora,
esta Palabra, que era el Latido y Espíritu
del mismo Dios, que ocupaba su carne
y avanzaba en sus venas
colmándola de arrojo y suave certidumbre,
pujaba por salir de las lindes del barro tan efímero,
y ser llevada al igual que un flagelo
a aquel que la precisa para mudar en su alma
las tinieblas en luz.
Y con la tarde esta mujer se asoma
a la silente vastedad del cielo, sin dosel que lo ampare,
con un aterrador llanto de soledad,
frente a un Dios que le pide que le preste los labios
y la voz desvalidos.
Ella, que solo quiere hacer cuanto Él le manda,
le entrega la Palabra de lamento y denuncia
a su destinatario, y por ello recibe
la corona bendita de la persecución.
Y solo alguna vez, la del consuelo.

(Las Voces del Cielo)
Coro del beguinato de Santa Margarita:
Inés, Brígida, Tomasa, Margarita, Eulalia...

NOS llamaban beguinas o bienaventuradas.
En el nombre traíamos el Fuego del Amor
que a un tiempo nos colmaba y consumía.
Aunque no podáis vernos,
estamos en las calles como antes,
encomendándole al Padre al indigente
que sin hálito cae en la calzada cual paloma del árbol,
para que le prepare un lecho suave
en el que descansar en su Morada nueva.
Pero también estamos junto a los satisfechos
—que no necesitaron pronunciar el Nombre del Señor
en la angustia o el júbilo,
ignorando que es Él quien los sostiene—,
llenándoles las manos moribundas de amorosas plegarias
con que hacer el camino de retorno a la Luz.

(La Señora, en su alada Montaña)

ESTE es el manto que llevó la Virgen
durante un año,
el mismo que cosieron las manos fervorosas,
y que ahora se os impone
sobre vuestras cabezas anhelantes de Cielo.
Es su amparo de Madre
que deja vuestras vidas
a salvo de sombrías inclemencias,
a la espera de ser cubiertas nuevamente
con su aroma de rosa virginal.

(La Señora, en su alada Montaña)

ÉL no quiere ser visto
por Aquella que en tiempos
puso su firme pie
sobre la infernal testa.
Él no quiere ser visto, y sin el cuerpo
se acerca a quienes llegan a este jardín celeste
en la Montaña alada de la Virgen,
para saber si hay alguien que se deja poner
en los ojos un velo muy sombrío
que apague la certeza de ver cómo se enlazan
la humildad, la pureza y la obediencia
en pasos de una danza de bella eternidad.
Él no se deja ver,
y, sin embargo, hay alguien
al que le concedieron de lo Alto
mirar sus pies de azufre entre los pinos.

(La voz profética)

Os nombráis defensores de la mujer,
pero sentís desprecio y la ensalzáis
a vuestro oscuro antojo.
Ágata, Magdalena, Santa Rosa...
no eran hijas de vuestros mundanos ideales,
sino de Aquel que puso la Creación
en las manos de todos para que la cuidaran.
Y nadie doblegó sus voluntades altas
y amaron sin medida.
Jamás podréis borrar en tantas gentes
la memoria fragante de sus nombres,
aunque ya no engalanan vuestras calles.

(Las Voces del Cielo)
Coro de los penitentes de Vallcarca

ÉRAMOS penitentes en un tiempo
en donde no era extraña esta palabra,
y las gentes subían a las cuevas
para vernos entrar con sayal de mudez
y ceniza en el gesto,
dejando en el umbral sus peticiones
de una vida más plena en el espíritu.
Dentro, en la oscuridad gozosa y solitaria,
el sollozo del mundo...
Y alzábamos las manos, las plegarias,
al Sol que estaba en lo hondo y en lo más Alto,
y de nuevo se abría con las lágrimas la luz en las calzadas...,
y unas gentes traían la inocencia primera de los niños
con que oír por las calles las pisadas seráficas.

(Las Voces del Cielo)
Santa Eulalia

SI abandoné a escondidas mis altos aposentos
para bajar a la discordia de las calles,
llenas de pedigüeños y mercaderes,
donde no se escuchaban las pisadas de Dios,
fue por vosotros, hermanos míos,
que estabais en prisión
por seguir los caminos del que resucitó.
Si escuché sin llorar mi condena,
si mi carne sufrió trece tormentos
como años tenía
hasta expirar en una cruz aspada,
fue por vosotros, gentes de esta ciudad.
Si la nieve cubrió mi desnudez,
guardada desde siempre para Él,
si ya mi espíritu, blanca paloma,
ascendió tan visible ante incrédulos ojos,
fue por vosotros, gentes de esta ciudad,
para que en Él pongáis toda Esperanza.
Si en la pequeña cripta, debajo del altar
de esta gran catedral que recuerda mi nombre,
ya reposan mis huesos por su Amor perfumados,
es para que os proteja, si me invocáis.

Quienes ocuparán muy pronto con violencia
estas calles, no saben del poder de mi sangre
que se ha unido a la Suya, redentora,
en una sola ofrenda por vosotros.

(La voz profética)

(En la Basílica de Santa Maria del Pi)

ENTRAR en la Capilla de la Sangre
y no hallar el altar
donde Tu amor se ofrece
por nuestras pobres vidas.
En su sitio,
un piano de colores y los dedos
que despiertan las notas que tal vez
no den la gloria a Dios
porque buscan su propia exaltación.

(La Iglesia pequeña)

Y la orante recoge de otra mujer
la petición urgente de plegaria.
La custodia en su cuna del latido,
despreocupada, hasta que el mismo Dios
por la noche, con pasos sigilosos,
en un sueño le deja las palabras
de su Cielo, que nadie más conoce,
y que siempre se cumplen en la Tierra:
"Y la mujer orante permaneció en la entrada del templo,
sin atreverse a cruzar el umbral
que lleva a su Presencia, pues tras la puerta
las tinieblas que allí se vislumbraban
le causaron espanto.
Y la mujer que le pidió oración
estaba junto a ella en la visión del sueño
—cierto como la aurora,
sueño que solo Él le concedió—,
el rostro envejecido y tan sufriente,
vestida del color del fuego el Espíritu,
y, también, de la sangre que muchos derramaron
por amor al Señor.
En un pie, cuatro dedos
de barro, demolidos como reinos,
y, en su lugar, alambres.

Sin un saludo y con prisa entró un hombre
ataviado con ropas oscuras y sombrero,
que, irreverente, no quiso descubrirse la cabeza.
Traía la negrura en maletín.
Y la mujer, con gran enfado, dijo
que alquilaba la casa,
pues ella era la dueña legítima,
derecho concedido por su Padre del Cielo,
al ser su hija fiel y muy amada."

(Las Voces del Cielo)

Antonio Gaudí*

Y cuando os detengáis
ante las construcciones que ideé,
sean casa o basílica...,
sabed que no fui yo quien solo las alzó.
Conmigo estaban quienes acarreaban piedras,
el agua, la argamasa...
Siempre me complací del trabajo bien hecho con amor
de orfebres, carpinteros, escultores...,
y de quienes limpiaban
para que cada don por todos compartido
en el gozo luciera en estas calles
como alabanza única al Dios del Universo.

*A. Gaudí fue declarado "Venerable" por el Papa Francisco el 14 de Abril de 2025, iniciándose así el proceso de su beatificación.

(La Señora, en su alada Montaña)

MEDALLAS y coronas de misterios fragantes
se alzaron por el hombre que pudo ver
la Presencia más bella
envuelta en una Luz no conocida,
que solo él contempló en el lugar,
para que la Señora las bendijera.
Él se las dio a sus dueños
sin conocer sus nombres ni sus rostros.

(La Señora, en su alada Montaña)

BESÁIS la cinta azul
que cae sobre el vestido de la Virgen,
buscando la bendita protección.
Vuestros labios jamás besaron a los ídolos

(Las Voces del Cielo)
Santa Isabel de Hungría

(En la Basílica de Nuestra Señora de la Merced
y San Miguel Arcángel)

ALLÍ donde las gentes elevaban sus cánticos
al Amado glorioso,
yo, Isabel, la princesa de Hungría,
contemplé al Rey con el Rostro sufriente
y sus Llagas de sima carmesí,
y me quité la corona mundana
dejándola a sus pies junto a mis lágrimas,
pues tiempo atrás
ya me tendió sus manos con gemidos
suplicando alimento junto a la verja
que al pueblo separó de los dominios nobles,
mientras jugaba con vestido blanco
y, en mis cabellos, guirnalda de olor.
Y acaté con un beso por el aire,
aunque no lo sabía,
mi vocación de amor a los desposeídos.
Con mi Dama Pobreza,
hoy bajo a este lugar de luz celeste,
tan cerca del trasiego de la plaza,
y le tiendo la mano a esta mujer
que quiere recibir en su cuerpo y espíritu
al Dios que vive.

Le traigo la promesa de su Padre,
que guardó para ella desde siempre,
a la espera que un día pueda reconocerla,
y junto al pan les traiga a quienes sufren
el consuelo fragante de las rosas intactas.

(La voz profética)

(En la Iglesia de San Miguel del Puerto)

LAS alas de Miguel que un día se esculpieron
en piedra bendecida,
permanecen por siempre en el santo lugar.
Y no importa que el odio así las derribara.
En tiempos del estrago y de la angustia
recobrarán el vuelo.
El Arcángel saldrá por la ciudad
con su espada de Luz
enarbolada contra las huestes invasoras,
que llevan en sus ojos las tinieblas,
escoltando a la Virgen que traerá por el aire
incienso de plegarias de su pequeña grey.
Unos serán llamados a compartir con gozo la victoria,
otros entregarán por el Amor
en las calles su sangre arrebatada,
y el Cordero sin mácula les ceñirá la corona de Gloria.

(Las Voces del Cielo)
Beato Francisco Palau

A vosotros, profetas del Altísimo,
que habéis sido llamados a cumplir
con la misión que excede vuestras fuerzas,
que no esperáis comprensión de las gentes,
y seguís por la senda impuesta del desprecio.
A vosotros, que estáis abatidos y exhaustos
al no ver todavía el galardón
de la imborrable promesa del Cielo,
y huis del enemigo
por Él ya derrotado en su Palabra,
os digo que busquéis en el vivo silencio de la cueva
—que nos acogió en tiempos a Elías y a mí mismo—
su Voz de aliento
hasta que al fin os diga que salgáis al azul
con oído de escucha alta y profunda
para verle pasar en viento suave,
y prosigáis con ánimo sin ninguna demora
el camino seguro de su voluntad bella.

(La Señora, en su alada Montaña)

Y "pronto, pronto, pronto saldrá el Agua",
le dice la Señora en el altar,
alzado entre los pinos,
a la mujer que llama a su presencia.
"Estamos todos: San José y mi Hijo
y el labrador..." al que le dio palabras
que en un tiempo cercano se cumplirán.
Cuando el Padre lo diga,
se abrirán las compuertas del herido costado.
El Agua será un río inagotable
de su Misericordia, y la gente vendrá de la ciudad
y del Mundo a colmar toda sed.
Quien beba de esta Agua jamás será vencido.

Índice

EN TU CUERPO Y TU SANGRE, LA ESPERANZA

EL AGUA QUE BROTA DEL COSTADO DEL HIJO

Esta obra
se acabó de imprimir
con los auspicios de
Charo Fierro y
Antonio J. Huerga, editores

FINIS CORONAT OPUS